Introduction

Pour représenter les formes, il faut d'abord tracer leurs contours, ce qui implique de bien maîtriser certaines bases du dessin : les mesures, la perspective, le sens de la composition. Ensuite seulement, le rendu du volume peut être abordé selon les effets de la lumière.

Cette élaboration d'un tableau nous semble évidente aujourd'hui ; or il n'en a pas toujours été ainsi. Jusqu'au Moyen Âge, les artistes représentaient les personnages sans tenir compte des effets de clair-obscur. À la Renaissance, la découverte de la peinture à l'huile et des fondus qu'elle autorisait permit aux peintres de représenter le modelé dû aux changements d'éclairage. Rompant avec le maniérisme, Caravage (1571-1610) mit en pratique une manière nouvelle de rendre les effets de l'ombre et de la lumière. Ses contrastes violents, qui sculptaient littéralement les corps, connurent un immense succès à travers l'Europe, influençant notamment Georges de La Tour, les frères Le Nain, Rembrandt ou Vélasquez.

Avec le temps, les principes picturaux sont devenus moins rigides. Au XIXe siècle, surgit le mouvement impressionniste, qui prônait une palette claire et brillante et des effets de clair-obscur fondés principalement sur la juxtaposition de couleurs vives. Ces effets se radicalisèrent avec l'apparition des avant-gardes : les fauves appliquèrent les couleurs pures en aplats, les cubistes décomposèrent les objets en éléments géométriques. Aujourd'hui, l'art est libéré des normes académiques.

Pour comprendre le clair-obscur, l'intuition et le sens de l'observation sont indispensables. Néanmoins, avant de se mettre à peindre, il faut bien assimiler certaines notions. La lumière du soleil se propage de façon parallèle : les ombres de tous les objets qui se trouvent sous ses rayons suivent des directions identiques. Au contraire, la lumière artificielle se propage sous une forme radiale : les ombres qu'elle provoque prennent des directions différentes. Il faut aussi distinguer l'ombre proprement dite de l'ombre projetée. La première est la zone obscure que présente un objet dans sa partie non éclairée. La seconde, celle que l'objet projette sur l'espace contigu ou sur un autre objet situé à proximité.

Vous avez le choix entre différentes sources de lumière. Un éclairage latéral donne un clair-obscur typique. Un éclairage frontal écrase le sujet et fait perdre une partie de l'impression de volume. À contre-jour, les formes se définissent par leurs contours. Enfin, un éclairage zénithal permet d'obtenir des effets intéressants, souvent inattendus. Dans tous les cas, les contrastes d'une scène sont déterminés par la quantité et le type de lumière (directe ou douce et diffuse) que reçoit le modèle.

En haut : Caravage, *La Vocation de saint Matthieu* (1599-1600). Saint-Louis-des-Français, Rome.

À gauche : *La Vénus de Milo* (fin du IIe s. av. J.-C.). Musée du Louvre, Paris.

MODÈLE 1

Nature morte aux boîtes

Crayons de cire

La mise en place des objets qui composent une nature morte revêt une grande importance. Dans le sujet proposé ici, l'éclairage, en douche latérale, définit les formes, souligne les arêtes et dessine des zones d'ombre et de lumière fortement contrastées. Observez bien les ombres ; elles ne présentent pas le même degré d'intensité selon la proximité ou l'éloignement de la source lumineuse. La couleur de l'objet intervient également, car elle absorbe plus ou moins les rayons lumineux.

MATÉRIEL

- Papier à grain fin
- Crayons de cire
- Ruban adhésif
- Planche à dessin

◄ **1.** Avant toute chose, mettez en place votre nature morte, en cherchant à établir un assortiment de diagonales qui soit intéressant à représenter et agréable à regarder. Puis, avec un gris choisi au milieu de la gamme, tracez le contour des objets.

► **2.** Remplissez les zones d'ombre avec ce même ton gris. En insistant avec cette couleur, vous obtenez déjà un effet de clair-obscur sur le premier objet à gauche.

◄ **3.** Une fois que vous avez indiqué les principales ombres avec le gris, posez par-dessus un ton ocre, qui donne une nouvelle tonalité beaucoup plus proche de votre modèle.

▲ **4.** Travaillez la deuxième boîte avec des bleus superposés sur la première couche de gris. Laissez la partie éclairée presque blanche.

▲ **5.** La couleur de base des boîtes étant définie, intensifiez maintenant les contrastes. Utilisez un gris plus foncé que le premier, et insistez sur les plans les plus sombres.

▲ **6.** Réchauffez la surface de la table avec de l'ocre, et renforcez les ombres qui s'y projettent. Pour finir, accentuez les contrastes définitifs avec du noir.

MODÈLE 2

Papier froissé
Crayon graphite

Les sujets les plus simples sont parfois les meilleures sources d'inspiration. Froissez une feuille de papier blanc sans chercher à obtenir de formes précises. Elle devient alors un volume composé d'une multitude de plans irréguliers aux ombres plus ou moins accentuées, selon leur position par rapport à la lumière. Avec le crayon graphite, vous dessinerez chaque forme et, par des hachures plus ou moins prononcées, vous rendrez compte de l'incidence de la lumière sur une surface immaculée.

◄ **1.** Commencez par tracer au crayon le contour général du papier froissé ainsi que les principaux plans qui le composent.

MATÉRIEL

- Crayon graphite 2B
- Papier à grain fin
- Gomme
- Ruban adhésif
- Planche à dessin

► **2.** Remplissez la surface du fond et de l'ombre projetée par le papier avec des hachures fines de crayon. Travaillez avec un crayon épointé pour obtenir un aplat bien uniforme. Tenez le crayon en position inclinée et utilisez un seul côté de la mine.

▲ **3.** Hachurez légèrement les plis du papier. Pour le moment, vous devez seulement structurer les divisions intérieures.

▲ **4.** Accentuez l'ombre projetée sur la table, qui constitue la zone la plus sombre. Cette ombre vous aidera à déterminer la valeur de toutes les autres.

▲ **5.** Renforcez le noir de l'ombre projetée sur la table, puis foncez les froissures inclinées vers la droite, qui constituent les zones opposées à la lumière.

▲ **6.** Avec la gomme, dessinez quelques espaces clairs. Ces zones de lumière doivent suivre la même inclinaison que les hachures des ombres.

▼ **7.** Pour terminer, précisez les formes de tous les plis et obscurcissez-les progressivement jusqu'à obtenir des contrastes harmonieux.

▲ **1.** Dans cette composition, le drap est suspendu à deux supports élevés marquant fortement les ombres et les lumières. D'un trait de fusain léger, esquissez la forme globale de la draperie ainsi que ses principaux plis.

MODÈLE 3

Étude de draperie

Fusain

La draperie est l'un des sujets d'étude les plus courants depuis l'Antiquité. Déjà au Moyen Âge, quand l'Église exerçait son emprise sur le monde de l'art, les peintres représentaient les saints et les personnages bibliques entourés d'amples tuniques tombant de leurs épaules. Ces vêtements offrent toute une gamme de plis, et les clairs-obscurs soulignent telle attitude ou tel mouvement du corps. Les différentes formes que prend un drap lorsqu'on le plie dépendent en grande partie du type de tissu dont il est fait : certains sont très raides, presque aussi durs que du carton, d'autres doux et lisses, comme la soie ou le satin.

L'éclairage rasant accentue fortement le clair-obscur sur les plis de cette draperie. En réalisant cet exercice au fusain, vous pourrez obtenir un dessin fortement contrasté et plein de mouvement grâce à la gamme très étendue de gris et de noirs profonds de ce matériau.

MATÉRIEL

- Fusain
- Papier Ingres
- Chiffons
- Gomme
- Papier absorbant

► **2.** Avec le plat du fusain, remplissez l'arrière-plan très foncé. Marquez l'intérieur des plis les plus sombres d'un trait ample de fusain.

◄ **3.** Unifiez la première couche avec un chiffon. N'écrasez pas trop le fusain. Veillez à garder les différentes valeurs de gris. Les tons sombres seront atténués, mais vous les reprendrez par la suite.

► **4.** Sur la surface grise, reprenez le dessin. Insistez de nouveau en appuyant bien votre fusain pour obtenir un noir pur, en cherchant à définir les plis et les formes du drap.

▲ **5.** Estompez de nouveau le fond. Utilisez un morceau de papier absorbant qui fixera davantage le pigment qu'un chiffon.

▲ **6.** Un contraste important s'est établi, qui inclut toute une gamme de gris, dont certains, très foncés, sont presque noirs.

► **7.** Appliquez une nouvelle couche de fusain. Intensifiez le contraste et les zones d'ombre en écrasant le pigment avec le doigt. L'épiderme légèrement gras jouera sur le papier un rôle de fixateur plus efficace que l'estompe.

▲ **8.** Le dessin terminé est caractérisé par un fort contraste dû à la lumière latérale, à la fois très intense et proche, qui crée des clairs-obscurs fortement marqués.

MODÈLE 4

Une pomme

Peinture à l'huile

Cette composition très simple offre néanmoins un grand intérêt par son éclairage et par sa couleur. Une pomme est posée sur une table à contre-jour devant une fenêtre. Elle est placée à l'endroit précis où le montant central de la fenêtre se reflète sur la table. Cette situation permet de distinguer la couleur du fruit. En effet, si celui-ci se trouvait face à la lumière, on ne verrait que sa silhouette.

L'emploi de couleurs fortes et contrastées va vous permettre de rendre parfaitement les effets de contre-jour de ce sujet très simple.

► **1.** Peignez le fond en jaune. Ébauchez les contours de la composition avec un pinceau fin et un ton carmin qui se détache bien sur le jaune.

▲ **2.** Avec un rouge de cadmium, représentez l'ombre que le montant central de la fenêtre projette sur la table. Soulignez le contour de la pomme. Renforcez la zone d'ombre sous le fruit avec un carmin foncé.

MATÉRIEL

- Couleurs à l'huile
- Toile sur cadre 12 F
- Pinceaux de différentes tailles
- Essence de térébenthine
- Chiffons

► **3.** Prenez un pinceau moyen et posez des petites touches de vert permanent sur les bords de la fenêtre et sur la pomme. Appuyez bien le pinceau et séparez les touches.

◄ **4.** Atténuez le jaune avec du blanc et commencez à définir la lumière chaude et intense de la fenêtre. Continuez à utiliser un pinceau moyen, qui ne peut couvrir une grande surface, afin que votre trait reste dynamique.

▲ **5.** Appliquez le jaune clair sur la surface de la fenêtre ainsi que sur la table. Essayez de jouer avec la sensation de lumière que produit le contraste entre les rouges, les verts et le jaune du fond.

◄ **6.** Pour terminer, travaillez les jaunes clairs et foncés sur la surface de la table. Appliquez des touches fractionnées des mêmes jaunes sur la fenêtre. La forme et la couleur sont ici fragmentées et rendues par des touches géométriques.

MODÈLE 5

Vase d'eucalyptus et pommes

Aquarelle

Peindre une nature morte offre de multiples avantages. En effet, l'artiste décide lui-même de la mise en place des objets, de l'éclairage et des détails de la composition. Dans l'exemple ci-contre, deux pommes et une coupe en céramique sont posées devant un vase contenant des branches d'eucalyptus. La lumière du soleil frappe la table à peu près de face, ce qui contribue à atténuer les effets de volume.

Travaillez l'aquarelle très mouillée en jouant sur les transparences, pour construire les oppositions d'ombre et de lumière.

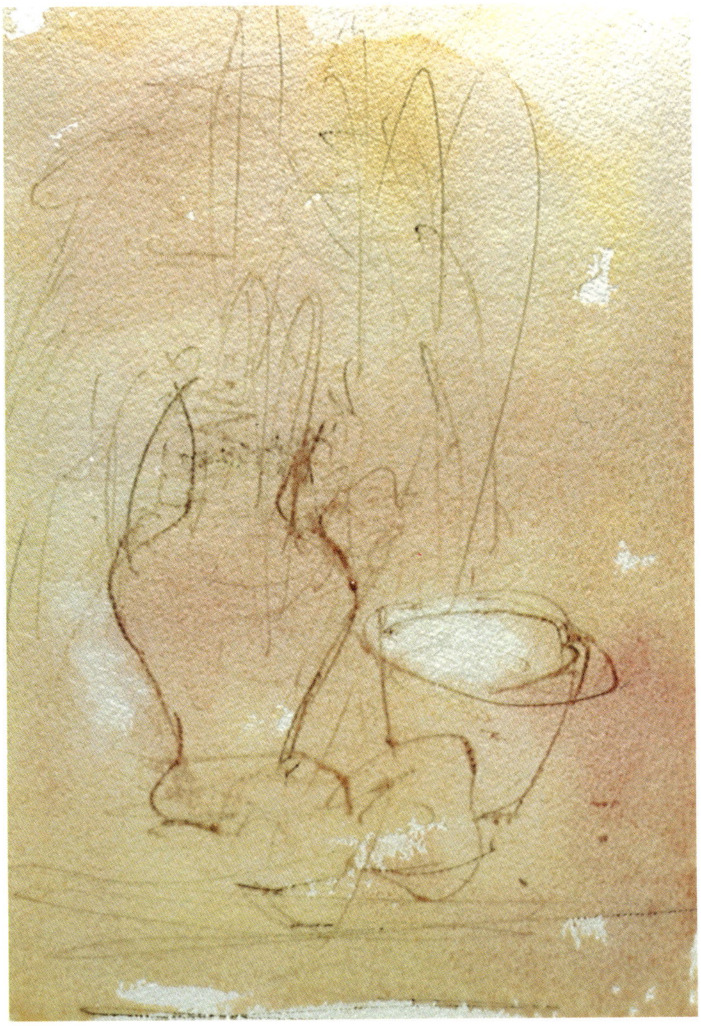

▲ **1.** Sur la feuille de papier vierge, créez un fond de couleur uniforme. Utilisez un pinceau large et suffisamment d'eau. Sur ce fond séché, dessinez au pinceau fin les différents éléments de la composition.

▲ **2.** Peignez entièrement, de façon uniforme, la forme du vase

◄ **3.** Laissez sécher, puis intensifiez le fond en y intégrant le vase et les autres éléments.

▲ **4.** Posez des tons carmin et orangé pour augmenter progressivement la chaleur de la composition. Le vase de fleurs acquiert un certain volume quand vous introduisez des tons lilas et bleu. Faites ressortir la forme des deux pommes avec des touches jaune foncé et orange.

◄ **5.** Foncez la couleur du vase et des feuillages avec une couleur sépia peu chargée en eau. Maintenant, le récipient se détache fortement des autres objets.

▲ **6.** Avec la pointe du pinceau, définissez bien les feuilles d'eucalyptus et les fleurs avec des tons rouges et bruns. Obscurcissez les zones d'ombre autour des pommes et de la coupe ainsi que sur le reste de la composition.

MODÈLE 6

Intérieur de bar

Acrylique

Un intérieur désert : observez les rapports qui s'établissent entre les différents volumes. Sur la photo ci-contre, la scène est fortement éclairée par des lumières provenant du fond, de sorte que la majorité des éléments apparaissent à contre-jour.

La peinture acrylique permet d'obtenir des zones opaques ou transparentes dont l'artiste a su se servir ici pour rendre la luminosité du fond qui contraste avec le premier plan.

MATÉRIEL

- Crayon graphite
- Couleurs acryliques
- Papier
- Pinceaux en soies
- Chiffons
- Gobelet d'eau
- Ruban adhésif
- Planche à dessin

▼ **1.** Avec un crayon graphite, dessinez en détail les éléments du tableau : au premier plan, à droite, une large colonne ; puis, une série de chaises et de tables dans la partie centrale ; enfin, un escalier en surplomb qui occupe une grande partie de la zone supérieure.

◄ **2.** Comme s'il s'agissait d'une aquarelle, diluez la peinture acrylique et brossez rapidement les principales parties du tableau. Employez des verts et des bleus pour les murs et le sol, des roses, des ocres et des bruns pour la colonne et l'escalier.

◄ **3.** Avec une couleur acrylique plus dense et plus épaisse, repassez sur les escaliers et sur la colonne. Les bruns terre de Sienne sont bien assortis aux ocres dans l'escalier, et ils se superposent au carmin pour la colonne au premier plan.

▼ **4.** Maintenant que vous avez créé l'atmosphère générale et établi les éléments fondamentaux du clair-obscur, repassez au pinceau sur les détails précédemment dessinés au crayon.

► **5.** L'escalier et la colonne se détacheront bien si vous tracez des lignes droites suffisamment précises. Suggérez le sol avec des verts atténués et plus soutenus au premier plan.

► **6.** *(Page suivante)* Précisez la forme des tables et des chaises qui apparaissent à contre-jour. Utilisez une couleur très foncée qui contraste avec la clarté du fond. Pour les détails, prenez un pinceau suffisamment fin.

MODÈLE 7

Paysage vallonné

Aquarelle

Les paysages inspirent toujours les peintres. En effet, c'est dans la nature que la beauté s'exprime le mieux et touche la sensibilité de l'artiste. La photo ci-contre représente le flanc d'une colline entourée de prairies et d'une végétation dense aux couleurs plus foncées. Ce paysage très ouvert bénéficie d'une bonne luminosité générale. En travaillant les ombres très fortes dans les bosquets et les arbres au lointain, vous donnerez du relief à votre tableau.

◄ **1.** Avec un crayon graphite ou aquarelle, dessinez les principaux niveaux de la colline, les différentes zones du terrain. N'oubliez pas de tenir compte de la présence ou de l'absence de végétation.

MATÉRIEL

- Crayon graphite
- Aquarelles
- Papier aquarelle à grain moyen
- Pinceaux en martre, de différentes tailles
- Chiffons
- Gobelet d'eau
- Ruban adhésif
- Planche à dessin

► **2.** Commencez à peindre par touches fragmentées, discontinues. Il ne s'agit pas de suggérer tout de suite l'atmosphère de la scène, mais de délimiter dès le départ les différents niveaux. Utilisez une gamme de verts de plus en plus chauds, jusqu'à arriver à un orangé dans le lointain.

▲ **3.** Continuez à travailler la zone de la plaine en la nuançant avec des verts chauds et tirant sur le jaune. Commencez à peindre les zones foncées de végétation qui apparaissent au loin.

▲ **4.** Sur les surfaces colorées et déjà sèches de la colline, peignez quelques arbres et arbustes. Placez la petite église au centre, seul élément construit, qui attire le regard. Utilisez des pinceaux fins et recherchez le maximum de précision dans le trait.

◄ **5.** Continuez en peignant les détails de la partie intermédiaire de la composition. Ces éléments très petits apparaissent au milieu d'une zone découverte, ce qui retient l'attention du spectateur. Vous devez les peindre avec un soin particulier et beaucoup de minutie.

► **6.** Avec un pinceau de taille moyenne, alternez deux verts foncés différents, et remplissez la partie inférieure du tableau. Peignez la végétation avec des touches énergiques.

▲ **7.** Dans le tableau, on distingue clairement deux types de touches : l'une, fluide, qui caractérise les plans lisses et l'autre, plus sèche, pour les parties abruptes. Précisez les détails des chemins et des différentes constructions. Le contraste s'accentue surtout en raison des deux types de surfaces. On perçoit l'origine de l'éclairage en fonction de la direction que prennent les ombres des bosquets sur les champs.

MODÈLE 8

Personnage à contre-jour

Gouache

Un objet est en contre-jour quand il reçoit la lumière en sens inverse du regard, ne révélant ainsi que sa silhouette. Quand il s'agit d'un foyer de lumière important qui éclaire par-derrière, comme dans le cas de la grande baie vitrée ci-contre, la silhouette du personnage central apparaît noire et découpée. Les autres éléments qui l'entourent, à l'intérieur du bâtiment, sont plus clairs, mais restent néanmoins beaucoup plus sombres que la fenêtre.

La gouache est une peinture très couvrante qui permet d'obtenir des couleurs denses et foncées. Diluée à l'eau, elle autorise également des lavis clairs, comme l'aquarelle.

▲ **1.** Tracez les grandes lignes de la composition avec un crayon graphite. Le personnage se tient debout devant une immense baie vitrée divisée en un certain nombre d'éléments. Les structures soutenant le vitrage suivent une inclinaison provenant de la perspective qu'il faudra représenter correctement.

▼ **2.** Commencez par peindre le paysage qui se trouve à l'extérieur. Servez-vous d'une règle pour définir les lignes de fuite des structures.

MATÉRIEL

- Crayon graphite
- Gouache
- Pinceaux de différentes tailles
- Papier à dessin
- Règle
- Gobelet d'eau
- Chiffons
- Ruban adhésif
- Planche à dessin

► **3.** Continuez à peindre le ciel, le pont et l'autoroute à plusieurs voies que l'on aperçoit à travers la baie. Diluez beaucoup la gouache de façon à pouvoir entrevoir les lignes tracées au crayon.

◄ **4.** Peignez les murs et le sol avec une peinture plus épaisse et des tons plus foncés que ceux des éléments du paysage. Pour le sol, utilisez des tons bleutés et vifs, mais choisissez une gamme de gris pour les murs.

► **5.** Une par une, définissez toutes les couleurs qui forment les murs et la voûte. La partie gauche apparaîtra plus lumineuse, tandis que celle de droite sera totalement à contre-jour, presque noire.

▲ **6.** À l'aide d'un pinceau fin, tracez la silhouette du personnage. Cherchez à établir par ses seuls contours le mouvement de son corps et sa façon de se tenir en équilibre sur une jambe. Tracez également la rampe d'appui.

► **7.** Avec un pinceau fin et une couleur très sombre, repassez sur les traits formant les séparations de la baie vitrée. N'hésitez pas à utiliser une règle si nécessaire ; en revanche, pour les lignes courbes, un bon mouvement du poignet suffit.

MODÈLE 9

Paysage urbain

Aquarelle

Il suffit de regarder par la fenêtre ou de se promener dans son quartier pour découvrir un sujet intéressant à peindre. Les immeubles, les toits offrent des paysages aux formes géométriques bien définies. Les différentes surfaces d'une architecture reçoivent la lumière diversement. Les zones éclairées se détachent sur les zones restées dans l'ombre et créent de nouveaux volumes. Vous remarquerez que le clair-obscur dans un paysage urbain produit toujours des effets plus ordonnés et structurés que les formes chaotiques suscitées par la lumière dans un paysage naturel.

La transparence de l'aquarelle permet de rendre toute la luminosité de cette façade ensoleillée.

▼ **1.** Avec un crayon graphite, dessinez ce paysage urbain en précisant ses détails. Le premier plan est peu chargé et assez clair. L'arrière-plan se caractérise par un grand nombre d'éléments, profils de murs, toits et antennes, à placer en perspective.

▲ **2.** Peignez la partie supérieure du tableau correspondant au ciel. Utilisez un pinceau épais. Ne remplissez pas complètement l'espace en une seule surface, mais laissez apparaître le blanc du papier par endroits.

► **3.** À l'aide d'un pinceau fin, tracez les contours des principaux toits. Employez un ton sépia très dense afin d'installer un premier contraste lumineux puissant et parfaitement net.

▲ **4.** Mélangez les couleurs sépia et carmin pour obtenir un brun rougeâtre intense et foncé qui va vous aider à définir les différents éclairages, particulièrement dans l'immeuble à l'extrême droite.

MATÉRIEL

- Crayon graphite
- Aquarelles
- Papier aquarelle à grain moyen
- Pinceaux en martre
- Gobelet d'eau
- Chiffons
- Ruban adhésif
- Planche à dessin

▲ **5.** Pour le moment, vous avez joué sur deux tonalités très différentes, formant un contraste très fort. Vous allez maintenant commencer à placer des tons intermédiaires comme les terres, qui donneront la couleur brique du deuxième immeuble à partir de la droite.

▲ **6.** Continuez à introduire des tons sépia foncé pour délimiter les zones plongées dans l'ombre des immeubles déjà peints. Puis, avec la même couleur et un pinceau très fin, précisez les balcons.

► **7.** Durant la phase finale, introduisez un rose carmin très dilué dans la partie inférieure des immeubles blancs. Ce ton complète le chromatisme général et accentue également les contrastes dans la partie supérieure.

MODÈLE 10

Nu féminin

Pastel

Placer les zones de lumière et d'ombre dans un tableau ne consiste pas seulement à ajouter une couleur foncée sur une tonalité claire. Certes, ce procédé est courant, bien qu'il s'agisse d'une technique plus indiquée pour le dessin que pour la peinture. Les ombres possèdent un coloris particulier qui peut même être exagéré si l'on veut que les tons froids et chauds contrastent. Les peintres impressionnistes et certains de leurs successeurs ont largement fait appel à cette méthode. Le nu présenté ci-contre en offre un exemple intéressant à suivre.

▲ **1.** Dessinez au crayon les grandes lignes du modèle sans rien mettre en relief. Cherchez les lignes de construction du corps : diagonales parallèles du dos, de la cuisse, de la jambe, lignes perpendiculaires de l'épaule et de la hanche, inclinaison de la tête.

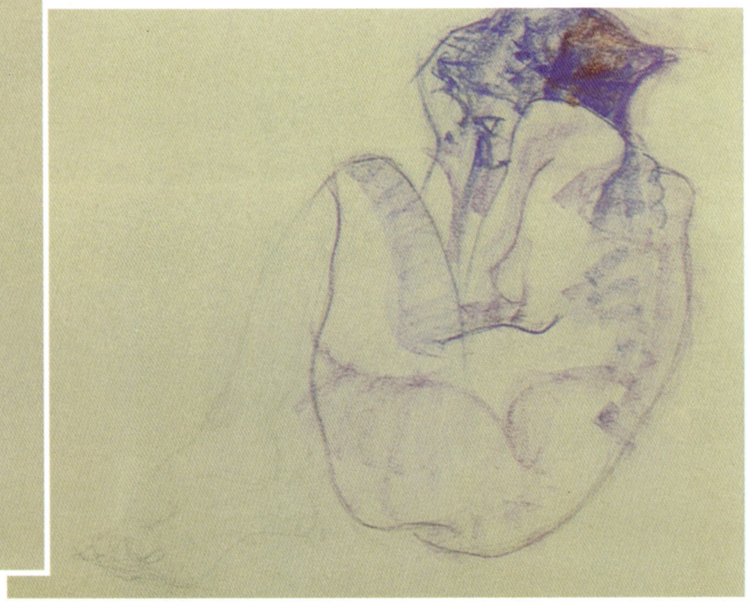

▲ **2.** Commencez à appliquer le pastel : choisissez des tons foncés pour les cheveux, le visage et les omoplates. N'utilisez jamais de noir, mais plutôt des couleurs froides comme les bleus et les violets.

MATÉRIEL

- Crayon
- Pastels
- Papier teinté
- Chiffons
- Ruban adhésif
- Planche à dessin

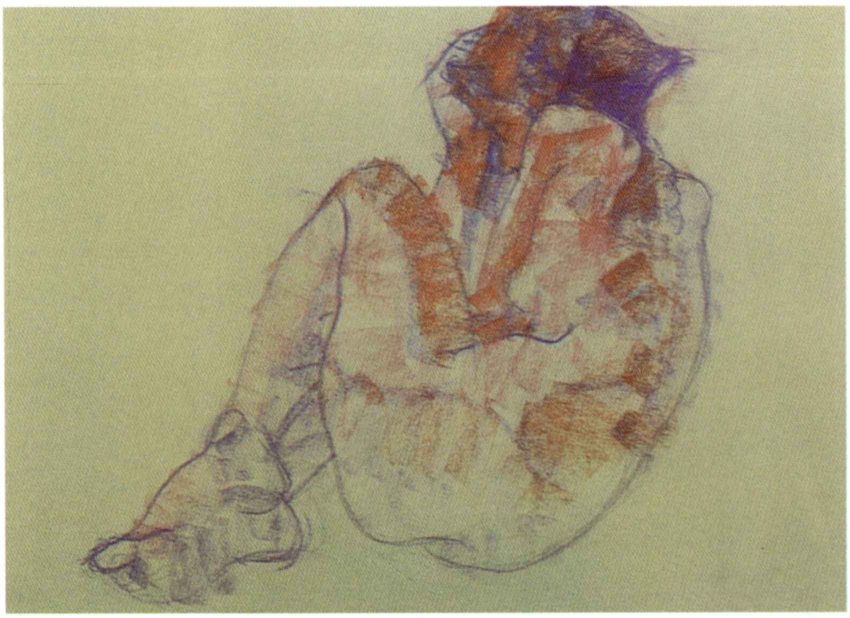

► **3.** Pour qu'ils contrastent avec les bleus de la zone d'ombre, placez des tons rouges et orangés, les plus propres à rendre la couleur de la peau. Essayez de suggérer l'ombre dans certaines zones avec des bruns ou des tons terre de Sienne.

▲ **4.** Ajoutez à l'intérieur de la silhouette des tons roses qui serviront de transition entre les rouges chauds et les violets de tendance plus froide.

▲ **5.** Appliquez des tons plus chauds, jaune brillant, sur les zones de lumière : poignet, épaule, cuisse, jambe. Vous constaterez combien la tonalité générale en est modifiée.

▼ **6.** Accentuez les tons chauds en forçant sur les jaunes et en les complétant avec des touches de vert. Écrasez le pigment au doigt dans les parties les plus éclairées. L'impression de volume est obtenue par le dégradé qui va du rouge au violet et au bleu, en passant par le jaune.

MODÈLE 11

Carafe et verres

Peinture à l'huile

Les objets en verre ou en cristal semblent poser un véritable défi au peintre en raison de leur transparence. En observant attentivement votre sujet et avec un peu de patience, vous viendrez à bout de ces difficultés. En raison de sa surface lisse, le verre reflète tout ce qui l'entoure. Si les reflets sont très prononcés, de forts contrastes s'établissent entre les lumières et les ombres. En outre, ces reflets changeront chaque fois que vous bougerez, ce qui augmentera la difficulté de les représenter. Pendant que vous peindrez, tâchez de conserver la même position, afin d'éviter des erreurs possibles dans la perception des formes. Observez bien votre composition avant de commencer le tableau. Définissez clairement dans votre esprit les problèmes que vous risquez de rencontrer, cela vous aidera à les résoudre.

En choisissant la peinture à l'huile, vous pourrez superposer des touches claires sur des tons foncés. Votre travail sur la lumière en sera facilité.

◀ **1.** Réalisez une première esquisse au fusain. Tracez les lignes verticales qui vous serviront de guide pour dessiner les courbes et les arêtes qui définissent les objets. Vérifiez l'assise des verres et de la carafe avant de commencer à peindre.

▲ **2.** Avec un pinceau fin et une couleur sombre, repassez sur les traits au fusain, en accentuant les contours, ce qui précisera les formes et les principales caractéristiques de chaque objet. Introduisez une tonalité vert émeraude très atténuée ; vous commencerez ainsi à déterminer la couleur dominante de la composition.

► **3.** Travaillez le fond avec des tons mélangés vert, ocre et terre. Dans une nature morte comprenant des objets transparents, la couleur des reflets est très importante. Aussi, prêtez une grande attention aux nuances des différents éléments.

MATÉRIEL

- Fusain
- Couleurs à l'huile
- Toile sur cadre 15 F
- Pinceaux en soies
- Essence de térébenthine
- Chiffons

La collection des princes de Liechtenstein

C'est l'une des plus belles collections d'Europe. Mais elle était invisible, fermée au public. Tout change : à partir du 28 mars prochain, elle sera exposée dans le palais d'été des Liechtenstein, à Vienne. Visite en avant-première.

Par Véronique Prat

Les écoles flamande et hollandaise sont l'un des points forts de la collection des princes de Liechtenstein, particulièrement dans le domaine de la nature morte. Aucun artiste ne savait rendre couleurs et lumière avec autant de talent que les maîtres du Nord. Aucun ne pouvait mettre tant de poésie dans l'observation réaliste de quelques simples fruits (Jan Davidsz de Heem, « Nature morte aux raisins »).

LIECHTENSTEIN MUSEUM, DIE FÜRSTLICHEN SAMMLUNGEN

▲ **4.** Peignez la carafe, en mêlant des couleurs turquoise pure avec des verts plus ternes pour créer des tons en harmonie avec le fond. En travaillant ainsi les éléments transparents, vous pouvez vérifier l'importance de la couleur dominante de la première couche appliquée sur la zone de la nappe et du fond.

▲ **5.** À cette étape, toutes les couleurs sont posées. Les taches de lumière les plus intenses sont réservées en blanc. Commencez à les travailler en fondant les gris et les verts.

▼ **6.** Montez les ombres dans la carafe et dans les verres en respectant la structure de chaque objet. Choisissez bien vos tons pour qu'ils s'intègrent aux couleurs entourant chaque élément. Posez les éclats de lumière avec un pinceau fin chargé de blanc en suivant minutieusement les formes.

▼ **7.** La réussite de votre composition tient principalement dans la juste mise en place des taches lumineuses. En effet, ces reflets expriment la quantité de lumière éclairant chaque zone, mais structurent également votre tableau. Observez comment les taches intenses de lumière blanche sur le haut de la carafe aident à préciser ses lignes obliques et ses arêtes.

▲ **8.** L'atmosphère verte et grise de cette nature morte résulte des teintes du fond vues à travers la transparence des objets en verre. Les formes des verres et de la carafe sont délimitées par des contrastes et des clairs-obscurs, et elles sont modelées par les reflets que la lumière projette sur leurs surfaces lisses.

MODÈLE 12

Portrait de femme

Peinture à l'huile

Au terme de ce cahier d'exercices sur le clair-obscur, nous allons aborder le portrait. Le paysage, la nature morte, l'étude d'un personnage peuvent soulever de nombreuses questions sur la façon dont la lumière se projette sur les éléments. Néanmoins, vous disposez d'une certaine marge de liberté, car vous pouvez modifier les dimensions d'un sujet sans altérer le résultat final. En revanche, dans un portrait, vous ne pouvez changer les proportions, puisque vous désirez obtenir une ressemblance parfaite. Certes, vous pouvez réaliser des portraits dans les styles cubiste ou expressionniste, mais ce qui nous intéresse ici, c'est de définir l'effet que produit une forte lumière sur un visage et la façon dont elle souligne le volume et modèle les traits. La peinture à l'huile, travaillée en glacis transparents ou en touches épaisses, vous permettra de composer un portrait fidèle de votre modèle.

MATÉRIEL

- Crayon fusain
- Couleurs à l'huile
- Toile sur cadre 20 F
- Pinceaux en soies, de différentes tailles
- Chiffons
- Essence de térébenthine

▲ **1.** Avec un crayon fusain, dessinez le modèle en essayant d'esquisser les traits les plus caractéristiques, en particulier les yeux et la ligne des lèvres.

► **2.** Commencez par peindre le fond avec une couleur sépia qui vous servira également à définir les contours du modèle. Posez des touches un peu plus légères sur les zones intermédiaires du visage qui apparaît à contre-jour.

◄ **3.** Avec un gros pinceau plat, peignez la surface de la chemise, dans des tons bleu foncé en rapport avec le ton sombre du fond. Posez sur les cheveux des touches épaisses noir bleuté.

► **4.** Mélangez des tons ocre et rose pour créer une couleur chair que vous appliquerez sur le visage. Dans la zone la plus claire où se reflète le plus vivement la lumière, nuancez la couleur avec du blanc.

◄ **5.** Avec un pinceau fin, commencez à travailler les détails qui caractérisent le visage. Faites particulièrement attention aux lignes qui définissent les yeux, le nez et les lèvres.

▲ **6.** Pour peindre les yeux, cherchez à maintenir un contact visuel constant avec le modèle, car c'est du regard que dépend en grande partie la réussite du portrait. Dessinez précisément la ligne de séparation entre la pupille et l'iris, la position du globe oculaire, l'ombre des paupières.

◄ **7.** Insistez sur la partie centrale du visage car c'est la zone la plus contrastée. Travaillez les méplats, l'aile du nez, les lèvres. Respectez bien les traits du visage.

▲ **8.** Reprenez la surface de la chemise en observant la position des plis par rapport à la lumière.
Le visage du modèle baigne dans une lumière venant de côté qui souligne la variété chromatique des ombres.
Loin d'être de simples taches sombres, ces ombres donnent un véritable relief à tout le tableau.

Conseils pratiques

Commencer par des modèles simples

Tout processus artistique requiert une analyse détaillée du sujet à traiter. Pour débuter, commencez par étudier les formes les plus simples comme les cubes, les cylindres ou les sphères. Mettez-les en place sous des éclairages variés et analysez la façon dont ces volumes projettent leurs ombres. Si votre composition comprend des éléments aux formes plus complexes, il vaut mieux en choisir un seul, deux tout au plus. Nous vous conseillons également d'essayer différentes techniques de dessin et de peinture afin d'apprendre à tirer le maximum de votre matériel.

Expérimenter différents types de lumière

Dans tout tableau, le rendu de la lumière détermine l'atmosphère du sujet représenté. Aussi, commencez par choisir le modèle et son environnement. Si vous peignez d'après nature, vous êtes maître de la situation. Devant un paysage, par exemple, cherchez toutes les façons de le représenter jusqu'à trouver l'éclairage qui vous séduit le plus, selon les heures de la journée. Si vous travaillez en atelier, éclairez votre modèle avec divers projecteurs et différents types d'ampoules. Les possibilités sont multiples. Qu'il s'agisse d'un nu, d'un portrait ou d'une nature morte, vous découvrirez votre sujet sous une infinité de contrastes entre ombres et lumières qui inspireront votre créativité.

Jouer avec les ressources de la théorie de la couleur

Tout apprentissage artistique passe par l'étude de la théorie de la couleur. Cette connaissance détermine les qualités chromatiques d'une œuvre. En mélangeant les couleurs primaires (jaune, magenta, cyan) deux à deux, on obtient les couleurs secondaires (orangé, violet, vert). On peut neutraliser une couleur en la fondant avec sa complémentaire ou fabriquer des teintes atténuées. Dans la pratique, il vous sera parfois utile d'avoir sous la main des papiers de couleur et de les juxtaposer pour vérifier l'effet qu'ils produisent. En faisant de nombreux essais, vous apprendrez à mieux dominer les rapports de tons. Cette démarche est indispensable pour comprendre les effets de la lumière dans la nature.